AF338011

PENSÉES POLITIQUES

LES ÉVÉNEMENS DU JOUR.

PENSÉES

POLITIQUES

SUR LES ÉVÉNEMENS

DU JOUR;

A PARIS,

DE L'IMPRIMERIE DE CHASSAIGNON,

RUE GÎT-LE-CŒUR, N° 7.

1822.

PRÉFACE.

PAR le temps qui court, sous quel titre, qui n'ait pas encore été employé, donner ses pensées au public? Comment éviter les déclamations et surtout les *tendances*, si l'on poursuit ses idées? Je ne vois que le moyen de détacher ses pensées et de les présenter sans ordre, comme elles viennent à l'esprit. D'ailleurs, ce genre me plaît dans les autres, parce qu'il évite souvent des flots de verbiage qui ne laissent rien à la sagacité du lecteur. Pourqnoi n'en serait-il pas de même pour tous ceux dont j'ambitionne le suffrage?

PENSÉES POLITIQUES

SUR

LES ÉVÉNEMENS DU JOUR.

I.

Pour juger si un parti est bien ou mal représenté, il ne faut que voir s'il y a unité, énergie et dévouement ; et pour juger s'il est mal représenté, voir s'il y a indifférence, inertie et timidité.

II.

Deux sortes de gens sont à la surface, qui dirigent aujourd'hui la politique dans l'opposition : 1° les hommes qui ont passé toute leur vie à étudier ou écrire des systèmes d'économie politique, de droit politique, de législation constitutionnelle, de droits constitutionnels, etc.; 2° les hommes qui sont parvenus à la fortune et à la considération par le négoce. Ces derniers, s'ils ne s'élèvent pas à une grande hauteur de vues politiques, et si leur éloquence est souvent dénuée de graces, leur sens est extrêmement droit, leur éloquence souvent pleine de force, et la modestie règne toujours dans leurs esprits. Quant aux premiers, c'est la peste des assemblées aux temps de crise. Tout entiers renfermés dans les combinaisons et les échafaudages de leurs cerveaux étroits, ils ne voient, ils ne conçoivent que ce qui s'y rapporte. Incapables d'enfanter de grandes vues, incapables même de comprendre ce qui a un caractère de supériorité, leur orgueil s'indigne de la préférence que l'esprit général donne aux actes qui en sont frappés. Alors ils ne se possèdent plus : ce sont des furieux qui s'agitent, se débattent, et qui seraient dangereux, s'ils n'étaient pas si insensés.

III.

J'aime le langage du soldat : les mots de gloire, d'honneur et de patrie, sont toujours sur ses lèvres. Ces braves gens ne prononcent pas un mot qui n'aille au cœur.

IV.

Tant que les hommes élevés dans la révolution seront à la surface, et tant qu'ils conserveront de l'influence dans le parti de la nation, tout sera perdu : ils ont toujours mal vu les choses, et ils sont pleins d'orgueil et de présomption. Leurs adversaires disent que la France les réprouve. Je crois pour ma part qu'elle a peu de confiance en eux, et redouterait même leur administration.

V.

Quand un peuple s'attache plutôt aux hommes qu'aux choses, il n'est pas encore à la hauteur de la liberté par ses mœurs, où il en est descendu.

VI.

Pour favoriser la politique stationnaire ou rétrograde du gouvernement actuel, je ne connais pas dans notre législation politique de disposition plus importante que l'article de la Charte qui exige quarante ans pour être député. Les générations nouvelles ne pénètrent point dans la machine sociale, et ne lui communiquent pas le mouvement rapide du siècle.

VII.

Souvent les vociférations font plus de prosélytes à certaines époques que le vrai talent. Entre les charlatans de tribune et les charlatans de la foire, je ne trouve pas grande différence en les considérant comme personnages ; mais si j'examine le mal que produisent les uns et les autres, les premiers sont bien plus dangereux : malheureusement les lois ne peuvent les atteindre.

VIII.

En littérature comme en politique, s'il y a chaos aujourd'hui, c'est parce que les sophistes et les beaux-esprits ont embouché la trompette, et qu'ils prétendent diriger l'opinion qu'ils égarent.

IX.

L'Académie est une institution usée, depuis qu'on

peut faire ailleurs du bel-esprit et des discours académiques.

X.

La société n'est que poussière, a-t-on dit ; tant mieux : le despotisme n'y poussera point de racines.

XI.

Si l'on considère la France individuellement, sa liberté est indestructible ; mais si on la considère par rapport à la politique étrangère, elle a quelques dangers à craindre.

XII.

On se plaint que la France n'est pas graduée, et qu'elle repousse toute classification d'existences sociales. Je ne vois pas pourquoi. En cet état, elle jouera un rôle sublime, toutes les fois qu'elle aura un homme supérieur à la tête de son gouvernement. La nation, dans ce cas, se donnera toute entière à lui, lui prêtera ses forces, et il ne rencontrera nulle part de résistance, lorsqu'il aura en vue le bien public. A Athènes, la société n'était aussi que poussière ; elle trouvait presque toujours des hommes supérieurs pour l'administration, et la force de ses institutions la soutenait encore lorsqu'elle était le jouet des brouillons. Son rôle n'est point sans gloire dans l'histoire des nations.

XIII.

Les membres de l'opposition n'entendent rien à leur métier. C'est un système de criailleries sans noblesse ; ils relèvent avec une aigreur opiniâtre jusqu'aux moindres peccadilles du gouvernement. Le cardinal de Retz leur dirait encore aujourd'hui : « Sacrifiez les incidens aux grandes affaires »; et j'ajoute : Soutenez-les avec force et dignité : voilà votre œuvre.

XIV.

Lorsqu'un peuple est à la hauteur de la liberté, on ne peut prendre les esprits que par insinuation ; mais quand il n'est pas encore à la hauteur, il faut les subjuguer et les entraîner.

XV.

Combien de gens qui dans ces derniers temps ont usurpé une réputation, qui dans dix ans seront perdus dans la foule, et leurs œuvres méprisées !

XVI.

En relisant les annales de nos jours, je retrouve toujours les mêmes doctrines aux temps de calamités.

XVII.

Il n'y a que deux partis dans les masses, mais il y en a une multitude à la surface.

XVIII.

Dans la conduite de la Chambre des représentans après Waterloo, j'y trouve orgueil, impudence, ineptie; je laisse aux historiens le soin de flétrir ses coryphées de sarcasmes sanglans. Ils voulurent se donner la gloire d'élever l'édifice sublime d'une constitution, et de parodier ainsi leurs divins modèles de l'Assemblée constituante.

XIX.

Si j'ambitionnais la popularité, et si j'étais placé pour cela, j'attaquerais ceux-là même qui se croient les plus populaires. L'opposition, telle qu'elle est, si elle n'existait pas, je conseillerais aux ministres, pour leur intérêt, de la composer d'une partie des mêmes membres.

XX.

Le secret de la politique du siècle a été concentré dans une seule tête pendant vingt ans. Si les souverains l'eussent connu en 1814, à coup sûr ils n'eussent pas donné des constitutions représentatives à une partie de l'Europe. Ils le connaissent aujourd'hui : c'est trop tard.

XXI.

Pour réparer leurs fautes premières, les souverains en font encore de très préjudiciables pour eux, à mon sens. Je ne suis pas chargé de les leur apprendre.

XXII.

Le monde politique ébranlé vacille encore ; mille événemens que l'on ne peut prévoir en retarderont ou hâteront le mouvement. Puisse-t-il, pour les générations présentes, prendre bientôt sa place !

XXIII.

Les forces que tous les gouvernemens ensemble peuvent opposer à l'énergie toujours croissante des peuples et à la propagation des jeunes idées, ne sont déjà plus en rapport aujourd'hui. Les souverains ont eu beau jeu en 1814, temps où il n'y avait pas encore d'opinion bien prononcée ; mais leurs succès inespérés les avaient éblouis, et ils ne comprirent pas leur position.

XXIV.

Le manuscrit de Sainte-Hélène, quel qu'en soit l'auteur, est le plus beau présent que l'on ait pu faire aux politiques du siècle. Malheureusement il n'est encore compris que de nos adversaires.

XXV.

En considérant les bienfaits de la révolution, ce n'est pas à nous de blâmer l'Assemblée constituante. Mais la postérité accusera ses membres de s'être montrés pour le moins imprudens politiques.

XXVI.

Dans les révolutions de l'esprit humain qui rompt

ses digues, il brise tout; et quand il a tout brisé, il marche d'extravagance en extravagance; la foule s'en empare, et il y en a encore pour long-temps dans les esprits. Il serait cependant à propos de faire halte aujourd'hui. Les troubles de la réforme durèrent trente ans : puissent les nôtres ne pas durer plus long-temps !

XXVII.

Helvétius, je crois, a dit qu'un siècle apprêtait toujours à rire au siècle suivant. Certes, la période de la révolution devra étonner les historiens et les politiques, qui ne pourront croire que plusieurs générations aient embrassé avec tant d'engouement et d'exaltation des principes si faux, des systèmes si étroits, des théories si absurdes, et des extravagances si bizarres. Beaucoup de gens qui se croient habiles se parent encore avec orgueil de ce qui nous fait sourire.

XXVIII.

Si les grandes calamités abattent le courage des nations esclaves, elles exaltent et fortifient celui des nations libres et fières. C'est ce qui fait que la plus grande énergie du peuple français se trouve dans les pays ruinés par les deux invasions.

XXIX.

A la tête du parti libéral de toutes les nations constitutionnelles de l'Europe, je n'y trouve pas un homme de tête : rien que des publicistes. C'est pourquoi je désespère quelquefois.

XXX.

A l'époque où Mirabeau méprisait tous les noms en *iste*, les économistes d'alors ne faisaient pas tant de mal que les publicistes d'aujourd'hui.

XXXI.

Rien n'est comparable à l'adresse avec laquelle a été fait le rapport sur la pétition Loweday, si ce n'est la maladresse de leurs adversaires. Au tableau d'une religion touchante et persuasive, ils répondirent *par des principes*.

XXXII.

C'est ignorer les premiers élémens de notre nature que de croire que l'homme peut être gouverné par des maximes. Je doute qu'un hérault placé au pied de la tribune avec cette légende : *Magistrat, ici tu dois faire taire tes passions*, je doute qu'il parvînt à se faire entendre de certain publiciste qui professe cette idée.

XXXIII.

Il n'est pas difficile de paraître maintenant à la tribune; l'on n'est pas exigeant. Il y a d'ailleurs des formules pour admettre ou rejeter la clôture, des formules pour parler sur, pour ou contre la liberté de la presse, sur, pour ou contre la liberté individuelle : ainsi de suite. Tout ce que l'on nous donne aujourd'hui n'est que du réchauffé : le public avide prend cela pour du neuf. Quel état de chose sublime pour les hommes médiocres !

XXXIV.

Si l'on examine la substance de tout ce qui a été dit depuis trente ans aux tribunes publiques, on trouve que l'esprit humain y parcourt un cercle très étroit (extravagance à part), et qu'il est obligé de revenir sans cesse sur les mêmes choses. Les mœurs publiques se sont formées, indépendamment de tout ce fatras.

XXXV.

L'opinion publique, qui n'était presque rien il y a dix ans, est maintenant au plus haut point de force et d'énergie.

XXXVI.

Les fêtes de l'antiquité étaient créées pour élever et fortifier l'ame, et pour former des hommes et des citoyens ; nos fêtes modernes au contraire sont destinées à frapper les imaginations, les asservir, et gouverner plus facilement les hommes. Chez les Romains, c'était presque toujours une couronne ou des triomphes que décernait la nation à un citoyen, pour quelques actions d'éclat ou quelques victoires. Chez les Grecs, c'étaient des jeux où chacun pouvait disputer les palmes sous les yeux de tous ses compatriotes. De telles fêtes excitaient dès le bas âge l'émulation, l'en-

thousiasme et l'amour de la patrie, et l'on vit des
pères mourir de joie à l'aspect de leurs fils vainqueurs
dans les jeux. Chez nous, c'est le pouvoir, avec un
cortége brillant et imposant, qui s'élève au-dessus de
la multitude pour l'éblouir et la dominer; quelquefois encore il procède par un autre genre d'abrutisse-
ment. Par bonheur, de tels prestiges ont maintenant
peu de prise sur l'esprit des Français devenus trop ac-
tifs, et sur leurs ames accoutumées à un autre aliment.

XXXVII.

Pendant plusieurs siècles les Français furent uni-
versellement haïs de tous les peuples de l'Europe; aujourd'hui au contraire ils en sont aimés, et leur gloire
excite l'admiration de leurs ennemis eux-mêmes.

XXXVIII.

Pour peu que l'on ait de l'activité dans l'esprit,
soit qu'on vive isolé ou dans le monde, il est impossible de ne pas s'occuper de politique. L'atmosphère
en est surchargée.

XXXIX.

Pour la politique, ce n'est pas de la science qu'il
faut, c'est de la vigueur d'esprit : il faut en outre être
né pour elle, et n'avoir étudié qu'elle.

XL.

Dans le cabinet du politique, il ne devrait y avoir
aux parois des murs que les portraits des citoyens

grands par leur patriotisme et leur probité. Son esprit devrait faire le reste.

XLI.

Jamais grand avocat ne sera grand politique. Habitué à suivre la législation pas à pas, et à rétrécir pour ainsi dire son esprit dans les formes de la jurisprudence, il ne peut s'élever seulement à la hauteur du législateur, lorsque le politique doit dominer ce dernier lui-même, ainsi que les temps, les événemens, les circonstances, et les apprécier d'une sphère supérieure, pour en tirer dés conjectures pour l'avenir. Le politique doit savoir juger en outre l'homme individuel et l'homme en masse, connaître toutes les influences morales dont ils sont susceptibles respectivement, pour exciter ou modérer à son gré les esprits, et en retirer toute l'énergie ou apaiser les factions. Cicéron lui-même n'était qu'un médiocre politique ; sa faconde brillante, majestueuse et persuasive fut très utile à Pompée, puis à Octave, dont il fut tour à tour l'instrument.

XLII.

Bonaparte avait entraîné tous les esprits vers les sciences exactes : voilà pourquoi il s'est trouvé si peu d'hommes d'esprit à la restauration.

XLIII.

Dans la politique et la littérature, c'est le même

tribunal qui juge aujourd'hui. Quiconque ne courbe pas sa tête devant cette idole, et ne lui paie pas un tribut d'adoration servile, est condamné sans retour. Mais s'il se met au nombre des adeptes, les journaux, les pamphlets tous ensemble s'accordent à le louer, et les libraires ne lui font pas la grimace.

XLIV.

La comparaison du corps social au corps humain qui meurt de l'excès d'embonpoint est une absurdité. Ni l'antiquité, ni les nations modernes ne nous en fournissent d'exemple. L'embonpoint du corps social peut influer sur son gouvernement, mais il est toujours favorable au présent et d'un bon augure pour l'avenir.

XLV.

On accuse les libéraux des incendies de l'Oise. Je ne le crois pas : ils n'ont pas assez de malice.

XLVI.

Les députés libéraux sont d'une innocence sans pareille. Ils s'imaginent que, s'ils avaient la majorité dans la Chambre, ils dicteraient des lois au ministère et le feraient tomber. Ils ne sentent pas qu'on les renverrait alors jouir de tous les charmes de la vie champêtre. Ce n'est pourtant pas les exemples qui manquent à leur imprévoyance ; mais les aveugles ne voient que les dispositions législatives qui les constituent, et ils se croient sur un bon pied. Les Chambres législatives, jusqu'à ce que la lutte du siècle soit terminée, ne seront que des instrumens que la politique élevera ou brisera, selon les circonstances et le besoin.

XLVII.

Je lis dans les journaux la comparaison des mouvemens de notre assemblée à ceux des assemblées d'Angleterre. Le secret et l'ensemble de la politique européenne n'est encore compris que de peu de personnes : tout n'est que provisoire dans nos institutions.

XLVIII.

Les chefs libéraux sont si peu accoutumés au succès et ont si peu de confiance en eux-mêmes, malgré leur orgueil, que sitôt qu'ils ont obtenu quelque avantage mince et partiel, ils s'enflent alors et font sonner ces bagatelles comme des victoires, et chantent la défaite entière de leurs adversaires, qui rient sans doute dans leur barbe de tant de forfanterie. Il n'y a rien d'insupportable comme d'entendre leurs adeptes les prôner comme d'habiles politiques, de profonds publicistes, de vigoureux dialecticiens, et d'appeler paroles d'or un plat verbiage mille fois répété.

XLIX.

Ce n'est point dans nos assemblées législatives que

je cherche à démêler notre avenir, c'est dans les actes des souverains étrangers.

L.

L'olygarchie anglaise commence à sentir que son règne pourrait courir quelques chances en laissant faire le parti de la réformation : aussi prend-elle une attitude hostile contre lui. Les chefs de ce dernier parti, en harcelant sans cesse le ministère, ne font aucun progrès, parce qu'ils y mettent peu de dignité. C'est le même système que celui de notre opposition.

LI.

Si le parti de la réformation était bien dirigé, il pourrait être utile à la liberté de l'Europe, en gênant beaucoup le gouvernement anglais dans ses entreprises contre les états constitutionnels, ou du moins en l'empêchant de prendre couleur.

LII.

Les souverains de Prusse et d'Autriche se trouvent placés entre l'alternative de donner tôt ou tard des constitutions à leurs peuples, ou à être detrônés par un voisin puissant, actif et ambitieux. Il est cependant moins honteux pour un roi de céder quelques droits à un peuple, en conservant sa couronne, que de devenir le jouet de son égal. Par malheur il y a dans ces états des aristocraties puissantes qui préféreront le joug d'un vainqueur, avec la conservation de leurs priviléges, que l'extinction de leur caste en conservant la puissance à leurs souverains. Cette position est critique : il y aurait là un revirement de politique qui épargnerait bien des calamités au monde. C'est aux conseillers à bien mûrir leurs idées et bien calculer l'avenir. Pourquoi ne pourrait-on pas former une ligue de gouvernemens qui s'assureraient assistance et secours contre des peuples exigeans, et renouveler ainsi sans commotion le système européen, qui se renouvellera malgré tous les obstacles et les guerres sanglantes ?

LIII.

C'est à tort qu'on a voulu comparer les deux révolutions modernes, celle d'Angleterre et celle de France. L'une est partielle, incomplète ; et l'autre, c'est la destruction entière du privilége : elle doit embrasser l'Europe, ou être étouffée.

LIV.

Nous aurons un siècle de calamités qui nous présentera le plus beau phénomène de l'histoire, celui du passage de l'homme à la liberté, et le changement complet du système européen.

LV.

Par le cours naturel des choses, la Russie sera placée en dehors de l'économie de l'Europe, comme à peu près les rois de Macédoine jusqu'à Philippe,

qui ravit le droit amphyctionique, étaient en dehors de l'économie de la Grèce.

LVI.

Je ne crois pas que les souverains réussissent dans
leurs projets; mais ils feront bien du mal aux peuples.

LVII.

Le mouvement de rotation rapide que le cardinal
de Richelieu avait donné à l'autorité royale se pro-
longea encore quelques années après sa mort; enfin
il se détraqua. Il se pourrait bien que nous fussions
dans une position à peu près semblable.

LVIII.

Des guerres sanglantes, des désastres terribles et
d'épouvantables catastrophes ont porté l'effroi dans
toutes les imaginations, et affaissé un moment l'esprit
national : il ne faut qu'un souffle pour le relever.

LIX.

Si les peuples triomphent, la France sera pour
l'Europe ce que le soleil est à notre horizon.

LX.

Je vois l'aristocratie anglaise elle-même prête à li-
vrer son indépendance, par la frayeur qu'elle a de
ses réformateurs.

LXI.

Il y a des gens, qui se croient propres aux affaires,

qui seraient bien embarrassés s'il fallait substituer l'action à la loquacité.

LXII.

Dans tous les temps il y a toujours eu deux manières de gouverner le peuple : la première, par la force et l'autorité de la raison; la seconde, en flattant ses penchans et en s'insinuant dans ses goûts. L'une est noble, grande et utile, et n'appartient qu'aux ames supérieures; l'autre est peu décente et pernicieuse. Par la première on domine tout, tout se tait : l'on ne fait aucun sacrifice d'intérêt particulier ou général, et l'administration marche au but sans obstacles; par la seconde l'on est obligé de sacrifier les intérêts de certaines classes en faveur de certaines autres; l'on se crée des rivaux, des ennemis, et l'on introduit des factions dans l'état, et souvent la guerre civile. Démosthènes accusait et gouvernait le peuple d'Athènes, et les Gracques, en flattant le peuple romain, créèrent le désordre, l'anarchie, et se perdirent.

LXIII.

La liberté peut naître des crimes. Je suis persuadé que Catilina, en réussissant dans ses desseins parricides, eût donné la liberté au monde. S'il fût parvenu à renverser les familles patriciennes, à disséminer leurs richesses dans la société toute entière, une lutte de dépossesseurs et de dépossédés se fût établie comme de nos jours; et, pendant cette lutte, le monde esclave, ne trouvant plus d'obstacles, aurait brisé ses chaînes, et peut-être changé totalement la face du monde.

LXIV.

Manier les hommes dans ce siècle n'est pas une chose si facile, depuis que tant de prétentions agitent tout le monde dépuis le premier jusqu'au dernier. Il n'y a qu'un homme supérieur qui puisse dominer tous les esprits et se les attacher : les hommes médiocres ne feront que se créer des milliers de rivaux qui ambitionneront leur place et rempliront l'état d'intrigues.

LXV.

La situation de la France est sublime. Les classes inférieures s'agitent pour s'élever; l'activité et l'émulation se sont emparées des masses. Il y a là énergie et source d'une grande prospérité.

LXVI.

Il faut un tact bien exquis pour sentir dans les masses les véritables supériorités et les faire surgir à la surface; il faut aussi une grande finesse de pénétration pour apprécier la portée des talens naissans et leur place.

LXVII.

Je connais des consuls, des ministres, des préfets

en espérance; qu'ils s'attendent, à la fin de leur rêve, aux supplices de la vanité déchue et de la prévoyance trompée. Combien de gens, qui parlent en public de désintéressement et d'abnégation d'eux-mêmes, qui ne se cachent pas en particulier de leurs prétentions!

LXVIII.

La responsabilité morale, qui pèse en tout temps sur les dépositaires du pouvoir, épouvante l'honnête homme; mais c'est la moindre chose pour la plupart, qui ne s'arrêtent point à de pareils scrupules. C'est pourquoi il est bon que les lois en organisent une autre plus efficace.

LXIX.

On a beau dire et beau faire, l'opinion d'un grand peuple influera toujours sur les fonctionnaires publics : quelques uns peuvent s'en moquer, mais elle agit et domine la plupart, même à leur insu.

LXX.

Quelques personnes sont encore possédées de la rage du prosélytisme; c'est un mauvais moyen de gouvernement dans un siècle où les individus ne sont rien. Il n'est pas possible de leur ôter le caractère d'hostilité, et souvent même de persécution.

LXXI.

Il y a des gens qui, ayant fait leur éducation constitutionnelle dans les carrefours, croient encore que c'est dans les carrefours que l'on obtient du crédit et de la popularité.

LXXII.

Laissez parler certain tribun, laissez-le étaler pompeusement son éloquence parlière : vous verrez un homme qui, dans l'attitude, le geste et le maintien, conservera une gravité solennelle, et dont chaque mot sera prononcé avec une indubitabilité charmante ; mais voulez-vous lui faire quitter ce costume des beaux jours ? traitez-le avec supériorité et dédain : vous verrez alors un homme rugir de colère, et se répandre en déclamations les plus absurdes, en accusations les plus insensées, toute la rage d'un orgueil blessé qui ne se possède plus.

LXXIII.

Nos parodistes de l'Assemblée constituante, qui ne rêvent que l'édifice d'une constitution, doivent être bien humiliés que des Grecs barbares osent tracer ce qui n'appartient qu'à des représentans d'un peuple philosophe.

LXXIV.

Nous sommes au siècle des protestations ; mais il n'en est aucune qui soit frappée d'autant de ridicule que celle de 1815, lorsque Paris ouvrait ses portes à l'étranger. Les membres des représentans, après leur belle équipée, se croyaient quelque chose, et ils s'imaginaient avoir assez de crédit pour balancer quelques centaines de mille baïonnettes et la France qui les réprouvait. Cette protestation mérite d'aller à la posterité.

LXXV.

Les grands hommes de nos jours ont fait entre eux la convention tacite, et peut-être hautement avouée, de se louer réciproquement. En cela ils ont de la prévoyance; car après leur mort personne sans doute ne voudra se charger soit de leur apologie, soit même de leur critique.

LXXVI.

La conduite d'un parti ressemble en quelque sorte à la conduite d'un discours qui doit negliger des détails, frapper à certains endroits, et passer légèrement sur d'autres. Les membres de notre opposition sont comme ces mauvais orateurs qui entassent argument sur argument, sans choix, sans ordre, de manière à opérer une confusion désagréable à l'esprit, et incapable d'y porter la conviction. Ils ignorent aussi la manière d'enlever une discussion par des attaques vives et promptes, ou par des réparties immédiates fortes et solides qui entraînent les esprits, et leur ravissent jusqu'à leur volonté même.

LXXVII.

Les deux partis qui se débattent auront beau s'inscrire en faux, le résultat des élections n'est point l'opinion de la France. Qu'on donne une autre impulsion aux colléges électoraux, ils la suivront. Le Français ne connaît encore que sa dignité, sa force et sa gloire. La liberté n'est encore que dans les générations nouvelles.

LXXVIII.

La loi actuelle des élections est plus favorable à la liberté que celle du 5 février. Ceci paraîtra d'abord un paradoxe à beaucoup de gens ; mais si l'on considère qu'elle va éveiller l'esprit de liberté jusque dans les derniers hameaux par les concurrences, les intrigues et les rivalités qui se glissent toujours dans les colléges électoraux, tandis que la seconde ne rend témoin d'un si grand acte de liberté qu'une petite portion de la société : d'un autre côté cette même loi, en amenant les électeurs isolés et sans guides connus, les soumet à l'empire des factions qui, au moyen de quelques citoyens intrigans et brouillons, s'emparent de la société toute entière et la remplissent de calamités. Dans la loi actuelle, au contraire, chaque électeur a des amis qui l'éclairent, le guident, et il peut se préparer d'avance à son choix, tandis qu'auparavant il votait souvent pour des noms qui lui étaient à peine connus la veille. L'esprit monarchique qui a dicté cette loi y a peu gagné, si le parti a gagné des votes et du temps.

LXXIX.

Les vrais organes de l'opinion publique sont les mou

vemens spontanés des masses ; mais il faut y regarder à deux fois : souvent ils sont excités par l'esprit de faction. Les journaux, lorsqu'ils discutent, ne sont que des opinions particulières.

LXXX.

Pour expliquer notre situation présente et nous donner des conseils pour l'avenir, je vois des hommes d'état rappeler les diverses variations des coutumes, lois et mœurs de nos ancêtres. Pourquoi ne pas rappeler en même temps les lois, coutumes et mœurs des Chinois depuis la fondation de leur empire ? Il y aurait sans doute de nombreux rapports à trouver, et surtout beaucoup d'érudition à étaler.

LXXXI.

On aura beau proposer des moyens de reconstituer l'aristocratie, je doute que l'on y parvienne. Au lieu d'avoir le préjugé en leur faveur, il est contre eux. Peut-être dans vingt ans il sera impossible de trouver un seul individu pour le décorer de titres purement honorifiques.

LXXXII.

Les seuls grands hommes font des fautes ; les médiocres ne faillissent jamais. Les premiers font des fautes, eu égard aux plans et aux systèmes qu'ils adoptent et qu'ils poursuivent ; les seconds, ne pouvant concevoir ni plans ni systèmes, ni même apprécier leur situation, on ne peut pas dire qu'ils font des fautes; mais leur présence au pouvoir est une calamité.

LXXXIII.

Quand je vois les moyens qu'emploient les membres de l'opposition, je ne puis m'empêcher de sourire sur eux. Ils opposent tel discours prononcé dans tel temps, à tel discours prononcé dans tel autre: comme si les maximes du politique ne devaient pas varier selon les temps, les événemens et les circonstances. Ces gens-là perdraient la chose publique et rempliraient l'état de calamités, pour se donner l'honneur insensé de faire usage des mêmes maximes. Il est beau sans doute de porter dans l'administration des affaires cette droiture et les scrupules de l'homme privé; mais il ne faut pas outrer cette maxime. La morale de l'homme d'état certes est autre que celle du particulier, quant aux affaires publiques seulement.

LXXXIV.

Dans ce siècle, plus que dans tout autre, le mot droit opposé à la force est un mot bien vide de sens. Eh! quel parti n'a pas la justice de son côté?

LXXXV.

Qui voudra se servir de la génération qui s'élève, et qui est déjà à un haut degré de maturité, trouvera d'autres hommes que tous les brouillons qui s'agitent à la surface.

LXXXIV.

La doctrine de la souveraineté du peuple, telle que Rousseau l'a entendue et expliquée, est fausse dans son principe, absurde, étroite et mesquine dans ses conséquences. Nos modernes législateurs l'ont amendée : ils n'ont fait qu'opérer de plus en plus la confusion. Il y a sans doute une raison, une justice indépendante de tous les jugemens humains, qui nous vient immédiatement du Créateur; mais aussi nul n'est juge de ce qui se fait ici-bas que les hommes. La souveraineté vient donc de Dieu et du peuple. Les conséquences de cette doctrine de tous les temps, de tous les âges, sont grandes, vastes et sublimes, et ne répugnent pas à la raison humaine comme le matérialisme complet qui découle de la précédente.

LXXXVII.

Il est absurde de vouloir introduire dans les lois politiques le même détail que dans les lois civiles. Les unes n'atteignent que des individus isolés, tandis que les autres doivent prêter assez de force à un gouvernement pour qu'il puisse lutter avec avantage contre des passions soulevées en masse, et des factions qui lui disputent le pouvoir : il est des circonstances où toutes les formes doivent être mises de côté pour ne songer qu'à son salut, sous peine de bouleversement politique. Ne pas accorder à un gouvernement assez de force pour qu'il puisse se soutenir contre des attaques même partielles, c'est l'annihiler, c'est le frapper de mort par avance, et mettre des révolutions périodiques dans l'état. C'est pourquoi la constitution de 91 et toutes ses sœurs ne sont que des chimères.

LXXXVIII.

Les rêveries de nos publicistes ont un aspect si simple et une telle apparence de vérité, qu'elles séduisent au premier abord tous ceux qui ne peuvent juger l'ensemble de la machine sociale. Le vice fondamental de tous leurs systèmes, c'est qu'ils ont oublié que dans une société il y a des passions, un esprit et des préjugés, des mœurs et des habitudes qu'il ne faut ni choquer ni relâcher, et avec lesquels le pouvoir est sans cesse obligé de traiter ; et qu'il est souvent des existences sociales qu'il ne faut pas froisser. Pour parvenir à manier tous ces genres d'obstacles, exciter ou adoucir les passions selon les circonstances, cela n'est pas une œuvre facile, quoi qu'ils en disent ; mais c'est la chose la plus simple pour eux ; *ils ont des principes pour tout cela.* Quand on examine la société, qu'on scrute les préjugés qui retiennent toutes les classes dans la subordination, on est étonné de la force qu'ils doivent avoir pour contenir chacun dans son rang ; car mettez l'esprit particulier de l'homme qui aime la contradiction et le changement, et surtout le desir, pour les classes inférieures, d'une situation meilleure qui les porte à secouer toute discipline et tout ordre aussitôt qu'une lueur d'espoir brille à leurs yeux, et vous verrez combien doivent être forts les liens sociaux. Eh ! qu'importe que la subordination soit dans la loi, si elle n'est pas dans les esprits ? Eh ! qu'importent les institutions de liberté, si l'esclavage est dans les mœurs ? Mais nos publicistes appliqueraient leurs doctrines à un habitant du désert, et ils croiraient faire merveille.

LXXXIX.

La force du gouvernement doit être en raison directe de l'étendue du pays qu'il administre et de l'énergie particulière de ses habitans. Si l'on veut assurer la liberté avec une telle puissance, il faut organiser des résistances dans les institutions civiles, élever des créations morales qui entretiennent les esprits et les mœurs dans un état constant d'énergie et de force. Avec les systèmes et les théories inventées de nos jours, jamais on n'organisera que le désordre.

XC.

On a dit que M. de Richelieu avait empêché par son crédit la division de la France. Celui qui a dit cela ignore donc ce que c'est qu'un peuple. Si les alliés ont reculé devant un tel acte de conquête, c'est qu'ils voyaient bien que c'eût été leur perte. Une nation de trente millions d'hommes, où les mœurs, les lois, les habitudes et les intérêts sont communs, qui a tant d'énergie, de lumières et de vertus, et qui possède par-dessus tout cela un bel héritage de gloire, certes ne se démembre pas. Tous les Français (à part les Parisiens) se fussent ralliés sous le même étendard, et je ne sais quels eussent été dans ce cas les partisans des étrangers, si ce n'est peut-être les agens de police.

XCI.

Si Rousseau prophétisait à l'empire russe la conquête de l'Occident, c'est qu'il apercevait d'un côté l'émulation et l'énergie d'un peuple naissant avançant vers la civilisation à pas de géant sur une immense étendue de possessions ; de l'autre, de vieilles nations avec des institutions pourries, des mœurs corrompues annonçant la faiblesse, la décrépitude et leur ruine prochaine. Mais aujourd'hui que tout est changé, que ces mêmes nations ont, avec la civilisation la plus avancée, toute la vigueur et l'énergie des peuples neufs, ce serait certainement une autre affaire.

XCII.

Les Russes sont entrés à Paris, nous dit-on. Oui, mais ils n'y ont pas parlé hautement en vainqueurs comme ils l'eussent fait sans doute il y a trente ans ; sans cela ils auraient bien pu ne pas revoir leurs climats glacés.

XCIII.

Ce n'est point à Paris, pays des sophistes et des beaux esprits, que l'on peut apprécier l'énergie et le patriotisme des Français ; c'est dans les pays de la Lorraine, l'Alsace, la Franche-Comté, la Bourgogne, la Champagne, le Dauphiné, le Lyonnais, etc. Le passage des troupes étrangères sur ces contrées hérissées de citoyens soulevés en masse leur a coûté cher. Je sais des traits à cet égard du plus beau patriotisme.

XCIV.

Depuis que la France a vu sortir de son sein cette foule de héros et couvert l'Europe de ses exploits guerriers, l'antiquité n'a plus de couleur.

XCV.

Les membres de l'opposition conduisent leur barque comme une multitude d'aveugles qui la dirigent en tous sens et la font achopper au moindre écueil. Je ne sais rien de plus maladroit que leur tactique : ils parlent sur tous les objets soumis à leur délibération avec le même langage. Un article de douane les révolte autant que les innovations qui détruisent le gouvernement représentatif dans son fondement. Il faut savoir en tout temps ménager les forces et passer légèrement sur des bagatelles, lorsqu'on a de grandes choses à relever. D'ailleurs que signifient ces murmures improbatifs si multipliés ? que signifient ces applaudissemens ou ces éclats de rire affectés, et par conséquent puérils? L'expérience ne leur a rien appris; ils s'étonnent de tout comme au premier jour; ils s'offensent de tout, et leur simplicité est admirable. Quand la discussion n'est pas favorable à certains membres toujours affamés de la parole, ils montent à la tribune sous la plus légère apparence de connexité, et enfilent alors, quand on a la bonne grace de les écouter, une longue chaîne de récriminations, croyant ainsi remplir dignement leur fonction, et ne sentant pas combien il y a peu de force et de noblesse dans ce genre d'attaque. Mais ce qui arrive presque toujours dans ce cas, c'est qu'à la moindre contradiction ils s'enflamment tous de colère, et se livrent à toutes les exagérations dont elle est susceptible. Alors ils présentent beau jeu à ceux de leurs adversaires qui conservent toujours assez de sang-froid pour saisir le point défectueux de leurs diatribes, le rétorquer sur-le-champ avec avantage, et se donner tout l'honneur de la discussion. Je sais peu de séances où les membres de l'opposition soient sortis d'une contestation avec un succès réel.

XCVI.

Il paraît, par les attaques de Démosthènes, que déjà de son temps il y avait des déclamateurs qui amusaient le peuple d'Athènes au lieu de l'instruire de ses véritables intérêts, et qui étaient applaudis.

Ce serait trop exiger de la nature humaine que de demander à certains hommes qu'ils s'abstinssent de parler, lorsqu'ils sont convaincus d'avance qu'ils vont recevoir des applaudissemens.

XCVII.

Nos publicistes, qui s'attachent à leurs doctrines comme à des idoles susceptibles de faire refleurir l'âge d'or, ne s'aperçoivent pas que l'on joue maintenant avec elles comme avec des hochets ; ils prennent la mesure de leur cerveau pour la mesure de l'esprit humain : ou, pour parler comme Mirabeau, ils prennent leur horizon pour les bornes du monde.

XCVIII.

En fait de doctrines politiques ou philosophiques, toutes les innovations marquantes ne s'insinuent que très lentement dans les générations. Sur ces matières, il faut toute la vigueur d'esprit du jeune âge et son absence de préjugés pour les concevoir et se les approprier. Il est très peu d'esprits susceptibles de s'en emparer dans un âge avancé : c'est pourquoi les doctrines de nos publicistes sont si différentes des doctrines de la jeunesse actuelle.

XCIX.

On peut être excellent chef de parti et n'être pas à la hauteur du ministère, et réciproquement. Le premier doit avoir de la profondeur, de la pénétration, savoir manier les hommes avec adresse, et posséder surtout une grande présence d'esprit ainsi qu'une grande flexibilité de caractère. Le second, c'est une éloquence mâle, noble et forte ; il doit tout dominer par son caractère, et rassurer par sa probité et son désintéressement. Sa vue doit être étendue et prévoyante; il doit de plus aimer la gloire, parce que c'est un sentiment puissant sur les ames, et qu'il doit savoir animer tous les esprits, porter la vie partout, pour en profiter et tirer toute l'énergie d'une nation. Enfin chacun à son aspect se doit dire : Voilà mon supérieur, afin d'étouffer à leur naissance toutes les ambitions jalouses. Le premier, selon le cardinal de Retz, est plus rare ; mais le second, selon moi, fournit une carrière plus brillante et plus belle.

C.

Il y a quelque plaisir à voir, sans en être agité, le spectacle des partis en présence; à examiner et apprécier leurs différens moyens ; à juger l'arrogante stupidité des uns et l'habileté discrète des autres; la maladresse de ceux-ci et la douleur muette de ceux-là ; à considérer enfin les brigues, les cabales, les jalousies, les ambitions, et tout le cortége ordinaire des intrigues politiques. J'avoue que je jouirais de ce tableau avec beaucoup plus de plaisir, si notre liberté n'était pas compromise et notre avenir sans incertitudes